UNE ERREUR HISTORIQUE

NAPOLÉON IER

ET LES

SAINT-MAIXENTAIS

Lettre de M. Ad. CAILLÉ à M. Louis Lévesque,
Secrétaire de la rédaction
de *la Sèvre*, journal de Saint-Maixent.

PRIX : **15** CENTIMES.

SAINT-MAIXENT
TYPOGRAPHIE CH. REVERSÉ.
1873.

A la suite d'une lettre adressée, le 18
février 1873, à M. Louis Lévesque, secrétaire
de la Rédaction de *la Sèvre* — au sujet de
l'enlèvement d'une plaque commémorative
érigée, à Niort, en souvenir du séjour que fit
en cette ville l'Empereur Napoléon Ier, les
1er et 2 juillet 1815 — M. Ad. Caillé fait
remarquer que divers historiens, entre autres
MM. Thiers, dans son *Histoire du Consulat
et de l'Empire*, et de Vaulabelle, dans son
Histoire des deux Restaurations, se sont
complètement mépris, en attribuant à la
population Saint-Maixentaise des sentiments
d'hostilité envers le grand homme abdiquant

pour éviter de plus effroyables revers à son pays.

C'est afin de détruire l'erreur commise par ces historiens, que parut, dans *la Sèvre* du 1ᵉʳ mars 1873, l'article intitulé : *Une erreur historique.*

Pour compléter cette réfutation, M. Ad. Caillé adressa au même journal, (numéro du 5 avril 1873) une *Lettre* sous ce titre : *Napoléon Iᵉʳ et les Saint-Maixentais.*

Cette *Lettre* a obtenu un succès si grand et si légitime que nous croyons utile de la reproduire en brochure, espérant être agréable à tous ceux de nos compatriotes qui conservent au fond de leur cœur le culte de notre honneur national et le respect de la vérité historique.

Saint-Maixent, le 15 avril 1873.

UNE ERREUR HISTORIQUE

—

L'histoire, ce grand enseignement des nations, se compose d'une série de petits faits insignifiants, en apparence, mais s'enchaînant entr'eux de telle façon que, si un seul détail est erroné, le grand lien qui les rattache se trouve complètement rompu.

Le devoir de tout citoyen est donc de protester contre une erreur chaque fois qu'il s'en produit, surtout lorsqu'elle est émise par un historien sérieux et dont l'autorité sera plus tard d'un grand poids aux yeux de la postérité.

Par cette raison, tout Saint-Maixentais doit protester contre le reproche d'ingratitude, dont M. Thiers, de son autorité privée, a accablé les habitants de notre ville, dans son histoire célèbre du *Consulat et de l'Empire*.

L'administration Impériale a fait énormément de Lien au département des Deux-Sèvres. Elle a donné un essor prodigieux à l'agriculture et à l'industrie, tombées en décadence, grâce aux dissensions intestines, suite de la terrible Révolution; et Saint-Maixent, contrairement aux villes, ses voisines, Niort et Rochefort, aurait insulté à la grandeur déchue de Napoléon.

Non, cela n'a pas eu, n'aurait pas pu avoir lieu ! Il est facile de le prouver.

M. Thiers (*Histoire du Consulat et de l'Empire*, livre LXII) dit que Napoléon après avoir quitté la Malmaison, le 29 juin, et s'être arrêté à Rambouillet la nuit et la matinée du 30 juin « partit au milieu du jour, traversa « Tours le lendemain 1er juillet, entretint le « préfet quelques instants, prit ensuite la « route de Poitiers, s'arrêta en dehors de la « ville pendant les heures de la grande cha- « leur, *fut exposé en traversant Saint-* « *Maixent à quelque danger de la part de la* « *populace Vendéenne*, et arriva dans la soi- « rée à Niort, sans avoir proféré une parole « pendant ce long trajet. »

Il y a dans ce récit deux énormes inexactitudes, dont l'une est la conséquence de l'autre.

D'abord, chacun sait, dans le pays, qu'il n'y a jamais eu aucun rapport, ni d'intérêts, ni d'opinions, entre la population Saint-Maixentaise et la *populace Vendéenne*. Le pays *vendéen* est même assez éloigné de Saint-Maixent, et les mœurs des habitants sont totalement dissemblables.

Si l'on demandait une preuve de l'animosité alors existante entre les habitants de la Plaine, où est situé Saint-Maixent, et les Vendéens royalistes, de nouveau en armes, il suffirait de citer ce fait, que, quelques jours auparavant, au mois de mai, les Vendéens s'étant emparé de Bressuire et menaçant Parthenay, des détachements de gardes nationaux de Niort et de Saint-Maixent accoururent spontanément pour défendre cette ville.

La population Saint-Maixentaise, en hostilité complète avec les Vendéens n'avait donc aucun motif pour exposer Napoléon à quelque *danger*.

Mais, dira-t-on peut-être, ce danger, sans venir du côté des Vendéens, pouvait être causé par les Républicains ?

Il est facile de montrer que ces derniers non plus ne peuvent être mis en cause.

Outre que les Républicains étaient en minorité (leurs chefs ayant été impitoyablement écrasés par l'Empereur qui ne badinait pas), ils n'étaient pas en odeur de sainteté vis-à-vis de la population qui se rappelait avec horreur les actes de carnage et de dévastation commis par ces bourreaux sanguinaires.

La population n'étant donc ni Vendéenne ni Républicaine, devait être dévouée à l'Empereur, et elle l'était, en effet.

Je tiens de la bouche de plusieurs de nos concitoyens, recommandables par leur âge et leur honorabilité, que le peuple était alors très-attaché, je dirai même fanatique de la personne de l'Empereur.

J'en possède un précieux témoignage, écrit en marge d'un volume du *Consulat et de l'Empire*, de la main même de mon grand-père, si longtemps membre du Conseil d'arrondissement de Niort, pour le 1er canton de Saint-Maixent, et dont la grande loyauté est à l'abri de tout soupçon.

Après les mots *populace Vendéenne*, se trouve cette protestation :

Erreur. Il n'y avait pas de populace Vendéenne, il n'y avait qu'une bonne population très-sympathique au grand homme.

Un témoin DE VISU *le certifie.*

Cette preuve est concluante, et nous demandons que dans la prochaine édition du *Consulat et de l'Empire*, la phrase erronée soit rectifiée.

A la vérité, il y eut bien quelque difficulté au libre passage des voyageurs, mais cela ne tenait aucunement à l'hostilité de la population. Voici les faits tels qu'ils sont donnés par M. de Vaulabelle, dans son *Histoire des Deux Restaurations*.

La version donnée par ce dernier historien étant elle-même légèrement erronée, nous la ferons suivre d'une rectification due à M. Jules Richard qui, le premier, s'est donné la peine d'éclairer ce passage de notre histoire.

« A la vue de cette voiture changeant de chevaux (dit M. de Vaulabelle), quelques désœuvrés s'amassèrent; d'autres curieux ne tardèrent pas à venir grossir le premier groupe; au bout de quelques instants, une partie des habitants de cette petite ville accourait sur la place. Inquiets de cette réunion, des gardes nationaux, en assez grand nombre, prirent les armes et vinrent visiter la calèche. Le général Becker dut exhiber son passeport. Cette pièce ne différait pas seulement des passeports ordinaires par sa forme, elle ne faisait en outre mention que du général, de son *secrétaire* et d'un domestique. Les gardes nationaux, en voyant quatre personnes, déclarèrent vouloir en référer à l'autorité municipale. Pendant ce temps, la foule continuait à s'amasser autour de la voiture, et une certaine inquiétude s'emparait déjà des voyageurs, lorsque le général Becker, apercevant au milieu des curieux, un officier de gendarmerie dont il était connu, lui fit signe d'approcher et le pria d'aller à la mairie terminer ce conflit. L'officier promit ses bons offices. Il ne tarda pas à revenir avec le passeport et le laisser-passer. La calèche reprit sa route. Après cet incident, le seul qui se fût encore produit, et que doit expliquer le voisinage de la Vendée et de ses troubles, l'Empereur arriva enfin à Niort sans que son *incognito* eût été trahi une seule fois. »

Voici maintenant la note de M. Jules Richard. (*Histoire de l'Administration supérieure du département des Deux-Sèvres, depuis 1790 jusqu'à la Révolution de 1830, tom.* ii, *page* 291) (1).

« M. de Vaulabelle, dont le jugement est si sûr d'ordinaire, a commis ici une erreur. Le rassemblement qui se fit à Saint-Maixent devant la porte Châlon, n'avait, au fond, rien d'hostile pour la personne de Napoléon. Saint-Maixent était en immense majorité pour la cause de l'Empereur, de ses murs étaient sortis des bataillons de *fédérés*, et si le grand personnage que renfermait la voiture eût été reconnu devant le relai de poste, mille cris l'auraient salué ! !

« Le voisinage de la Vendée donnait de légitimes soupçons sur la qualité des voyageurs, mais les habitants de la ville tranchaient énergiquement sur celle des royalistes si fatalement insurgés. »

L'*Histoire* de M. Jules Richard date de 1847. La question est donc depuis longtemps tranchée, mais pour empêcher l'erreur de se répéter, il est bon de donner à sa rectification le plus de publicité possible.

Louis LÉVESQUE.

---

(1) Cette note est reproduite dans le n° 23 (novembre 1847) de la *Chronique des Deux-Sèvres*, journal édité à Saint-Maixent par M. Reversé.

L'EMPEREUR NAPOLÉON Ier

ET LES

SAINT-MAIXENTAIS

—

Paris, 25 mars 1873.

A Monsieur Louis Lévesque, secrétaire de la rédaction de La Sèvre, à Saint-Maixent.

Monsieur et cher compatriote,

Je ne puis qu'être flatté, et je le suis beaucoup, que vous ayez pris texte d'une simple observation de ma part pour justifier la population de Saint-Maixent du reproche, véritablement injurieux, de s'être montrée irrespectueuse à l'égard de l'Empereur Napoléon Ier, alors qu'il était dans le malheur et qu'il s'acheminait vers l'exil.

Après ce que vous avez dit et rapporté, il ne reste plus rien d'une *erreur historique* aussi incompréhensible que fâcheuse, je pourrais dire grossière. La note de Jules Richard au bas de la page 291 de son *Histoire du département des Deux-Sèvres sous le Consulat et l'Empire*, etc., l'annotation de votre digne grand-père à la page 534 du vingtième volume de l'*Histoire du Consulat et de l'Empire*, de M. Thiers, la tradition, la nature des choses, l'état des esprits à l'époque en question, tout prouve jusqu'à la dernière évidence qu'il n'y a rien, absolument rien de fondé dans l'insinuation de M. de Vaulabelle et dans l'accusation de M. Thiers.

On se demande comment des historiens éminents ont pu se tromper à ce point. M. de Vaulabelle ne dit d'ailleurs rien d'excessif. On lui avait rapporté qu'un certain tumulte s'était produit à Saint-Maixent, devant la maison de poste, autour de la voiture où se trouvait l'Empereur avec le général Becker, délégué du gouvernement provisoire, et deux autres personnes. Dans son ignorance de la situation politique et morale de Saint-Maixent, et vu la position géographique de cette ville aux confins de la Gâtine, et de cette façon à proximité du Bocage, il crut pouvoir attribuer un émoi tout naturel, un simple élan de curiosité, au voisinage du pays vendéen. Il n'en était rien : on ne savait même pas que l'Empereur fut dans la voiture ; si on l'eût su, la population Saint-Maixentaise, devançant l'ovation Niortaise, l'eût certainement, comme le dit Jules Richard, acclamé avec enthousiasme.

Avec M. Thiers, et sous sa plume, le léger tumulte, dont avait parlé M. de Vaulabelle, devient chose tout-à-fait sérieuse, et Saint-Maixent, ville bleue, est représentée comme un foyer d'esprit vendéen. L'illustre voyageur est exposé pendant les courts instants du *relayage* à un véritable *danger*, et une population toute dévouée aux principes et aux idées de la Révolution faite Empire, passe à l'état de *populace Vendéenne* animée de mauvaises intentions ! ! !

Il est à souhaiter, aussi bien dans l'intérêt

de la vérité historique que pour l'honneur Saint-Maixentais, que cette allégation, erronée et désagréable, disparaisse des éditions qui ne manqueront pas d'être faites du livre célèbre dans lequel *l'historien national* raconte, avec grandeur et une convenable impartialité, l'étonnante carrière de celui qu'il appelle le *plus grand des hommes.*

Pourquoi *La Sèvre* ne demanderait-elle pas à M. Thiers lui-même cette trop juste réparation ? Je vais, si vous le permettez, Monsieur et cher compatriote, vous indiquer la voie à suivre pour obtenir gain de cause en cette affaire.

La députation des Deux-Sèvres compte dans son sein un personnage qui, au dire de la Renommée, a, de jour et de nuit, par toutes les portes et par tous les escaliers, ses grandes et petites entrées chez M. le Président de la République provisoire-conservatrice. Est-il besoin de le nommer ? C'est M. Amable Ricard. Son influence est immense ; elle pourrait être, sans exagération, comparée à la corne d'abondance. Il peut tout ; s'il ne fait pas tout, c'est autant par modestie que par discrétion et savoir-vivre ; il ne veut pas que ses collègues reviennent *bredouille* de la chasse aux faveurs présidentielles et ministérielles. Choisissez-le pour votre intermédiaire et votre porte-voix auprès de l'historien du Consulat et de l'Empire. Il se chargera d'autant plus volontiers de votre affaire que déjà, dans une circonstance capitale, il a eu le mérite, je dirai presque le courage, de prendre sous sa protection la mémoire et la gloire de Napoléon Ier.

Cette généreuse et habile manifestation s'est produite dans un des bureaux de l'Assemblée ; on y discutait une mesure indiscutable, le redressement sur son piédestal de la colonne d'Austerlitz. Hélas ! voilà où nous en sommes, deux ans après les abominations de la Commune. On a hésité jusqu'ici à relever la colonne triomphale parce qu'elle rappelle le nom et les exploits du fondateur de la dynastie Napoléonienne et qu'on est peu disposé, dans une Assemblée anti-bonapartiste, à honorer d'une apothéose une si dangereuse personnalité.

On craint, sous la dictature de l'historien

de Napoléon Ier, de rétablir au sommet du monument cette statue qui devait, au dire de ce même historien, le *surmonter dans les siècles*. La grande image césarienne fait peur aux hommes de septembre comme aux hommes de Bordeaux. Ces messieurs, cédant à la pression de la conscience publique, ne s'opposent point à la reconstruction de la colonne de la place Vendôme ; mais ils craignent que, replacée là-haut, la statue du capitaine-législateur n'exerce sur les esprits, fatigués d'un présent hybride et démoralisant, une fâcheuse influence et ne rappelle à la Nation, en même temps qu'un passé glorieux, le seul pouvoir légitime, d'après le droit moderne de la souveraineté nationale, qui ait existé depuis 1789.

Aussi ces députés, effarés et scrupuleux, songent-ils à une image moins significative et moins compromettante. Les uns, à la tête desquels marche sournoisement M. Jules Simon, (vous savez ce ministre aussi enfiellé que mielleux), voudraient qu'on hissât au faîte de la colonne la statue de la France. On satisferait ainsi tous les goûts ; on la coifferait d'un bonnet qui serait pour ceux-ci un bonnet de coton, pour ceux-là un bonnet phrygien. D'autres, partageant une idée assez singulière dans la bouche d'un prince demeuré célèbre pour avoir ramené de Saint-Hélène sur les bords de la Seine les cendres du héros, voudraient, avec S. A. Monseigneur le Prince de Joinville, qu'on fît briller au sommet de la colonne, dans la splendeur de sa grande tenue, un soldat français. Un soldat français ! N'est ce pas merveilleux d'ingéniosité ? Mais le Prince a oublié de nous dire à quelle arme il appartiendrait et quel uniforme on lui donnerait. Sera-ce un fantassin ? Sera-ce un cavalier ? Sera-ce un artilleur ? Sera-ce un soldat de l'Empire, de Juillet ou de la République ? Questions embarrassantes qu'une Commission, fût-ce celle des Trente, ne parviendrait pas à résoudre !

Notre député, plus pratique et moins effrayé, j'ajouterai mieux avisé, foulant aux pieds de mesquines terreurs et de vilaines rancunes, a émis, avec une éloquence persuasive, l'avis très-sensé, et pourtant extraordinaire dans le milieu bizarre où il parlait, que la colonne de la place Vendôme ne pouvait et ne devait être surmontée que de l'image de celui qui l'avait érigée, et dont elle relatait, tout le long de son fût, les victoires merveilleuses, *gesta Neapolionis per Francos.*

Puisque la fortune vous a procuré un avocat aussi autorisé de la vérité historique, jouissant sur la scène et surtout dans les coulisses de l'Etat d'un crédit prestigieux, sachez en profiter. Ne manquez donc pas, courageux rédacteurs de *La Sèvre*, d'invoquer son bon vouloir pour faire expurger l'*Histoire du Consulat et de l'Empire*, quand il en sera fait une nouvelle édition, d'une allégation aussi injuste que blessante pour l'honneur de la ville de Saint-Maixent.

Après comme avant Waterloo, Saint-Maixent était, comme la contrée environnante, comme le Département tout entier, profondément Impérialiste. L'inopportune insurrection Vendéenne, complice alors de l'étranger, n'y avait trouvé que des adversaires aussi nombreux que résolus ; les *fédérés* y foisonnaient ; il ne pouvait pas en être autrement. On y était reconnaissant au dernier point de ce que le premier Consul et l'Empereur avait fait pour terminer la Révolution, et de ce qu'il l'avait fécondée en l'endiguant et en l'organisant.

Cette ancienne et glorieuse petite ville, à la fois abbatiale et royale, sanctuaire vénéré, cité communale, avait été très-éprouvée par la Révolution devenue effrénée, sanguinaire et spoliatrice. Elle s'était vu débaptiser du nom et du vocable de son saint fondateur et patron, et affublée, sur la proposition d'un gentilhomme (1) inconsidéré et libre-penseur, du nom de *Vauclair*. Une minorité sinistre et grotesque y avait fait régner la terreur et la dévastation. On y avait vu se produire et s'étaler, sous les auspices du rationalisme constitutionnel d'abord, ensuite sous ceux de la *Raison*, divinité insensée de ce temps-là des saturnales pseudo-religieuses ou matérialistes, vraiment lamentables. Aussi l'avénement du Consulat y avait-il été salué avec transport, comme une ère libératrice, et le

____

(1) Le comte Guichard d'Orfeuille, de Saint-Maixent.

sentiment de la reconnaissance, s'unissant au besoin de la stabilité politique et sociale, après de si grandes et furieuses tempêtes, porta-t-il d'une façon irrésistible les Saint-Maixentais vers l'Empire héréditaire. Pas une seule voix dissidente ne s'y éleva.

La ville de Saint-Maixent était fière du premier Consul qui avait relevé les autels, aussi bien ceux des catholiques que ceux des protestants, car il ne faut pas oublier qu'ils avaient été les uns et les autres abattus et foulés par le char de la Raison ; du premier Consul qui avait rassuré les nouveaux propriétaires, et rappelé, en les soumettant à la nouvelle loi, les émigrés, même les plus compromis dans la guerre civile. Elle était dévouée à l'Empereur qui avait comblé de justes et éclatantes dignités un de ses enfants, le savant, le généreux, l'honnête Garran de Coulon. J'aime à espérer et à croire qu'à Saint-Maixent, comme dans sa famille, on se souvient encore que, grâce à la munificence Napoléonienne, le fils d'un simple receveur des tailles d'avant 1789 était devenu successivement sénateur, chef de sénatorerie, comte de l'Empire, grand officier de l'ordre impérial de la Légion d'honneur. Quant à lui, il s'en souvint, et en fut reconnaissant jusqu'à son dernier soupir. Après avoir donné à la Patrie, représentée par l'Empire et par l'Empereur, le sang de son fils, tombé vaillamment au champ d'honneur dans la glorieuse journée de Friedland, le comte Garran de Coulon ne voulut pas entrer à la Chambre des Pairs, en compagnie d'autres sénateurs serviles et complaisants. *L'amour qu'il avait toujours eu pour les principes de notre révolution, qu'il croyait voir consolidés par la main puissante de Napoléon,* le retint, à cette triste époque, sur le rivage de la fidélité.

Bien qu'attaqué alors comme aujourd'hui, mais d'un autre côté, par des adversaires d'un autre acabit et d'une autre robe, l'Impérialisme des Saint-Maixentais résista à tout et persista, aussi bien au sein de la ville que dans la campagne. J'en ai pour garant un souvenir personnel et un témoignage imprimé.

Le souvenir remonte à 1830. C'était au moment des Journées de Juillet. Quoi qu'on puisse

penser et dire aujourd'hui des *Trois Glorieu-*
ses, il faut reconnaître qu'elles avaient été ac-
cueillies dans notre pays, à la ville comme aux
champs, avec une sympathie aussi joyeuse que
profonde. On y avait vu généralement une re-
vanche de 1815, et surtout la restauration et
l'affirmation du principe de la souveraineté
nationale, dont le drapeau tricolore était de
nouveau le symbole et l'insigne. Pour le peuple, pour les masses, pour les ouvriers rusti-
ques et urbains, c'était la résurrection de
l'Empire. Pour beaucoup, car on s'était dé-
cidé à ne plus douter de la mort du prisonnier
de la Sainte-Alliance, c'était le retour de
l'Empire avec Napoléon II. Si, à cette époque,
le *Fils de l'homme,* au lieu d'être emprisonné
et étouffé en Autriche, eût été, comme le
Prince Impérial, libre dans la libre Angle-
terre, l'élan populaire l'eût porté irrésisti-
blement sur le trône national et démocratique de 1804. Nulles finesses, nulles trames,
nulles escobarderies n'eussent arrêté le flot
vengeur et réparateur.

J'avais été, vu ma bonne volonté et malgré
mes tout jeunes ans, chargé par mes compa-

triotes d'Exoudun qui comptaient parmi eux plusieurs anciens *brigands de la Loire*, d'aller chercher et de faire confectionner à Saint-Maixent un superbe drapeau tricolore. Je revenais, à cheval, ainsi qu'on voyageait alors, mon drapeau déployé et flottant, aussi fier qui si j'eusse porté l'oriflamme. A la vue des trois couleurs, sous lesquelles beaucoup d'entr'eux avaient combattu et parcouru l'Europe, les campagnards, répandus dans les champs pour la moisson, accouraient vers moi, chapeau en l'air, criant *Vive l'Empereur !* Aux yeux de ces braves gens, empire et drapeau tricolore ne faisaient qu'un ; ils avaient raison.

A ce souvenir, témoignage tout personnel, j'ajoute pour le corroborer, un témoignage contemporain, écrit et imprimé, remontant à 1836. Il m'est fourni par un savant magistrat, mort il y a quelques années, érudit et chercheur, très curieux des vieux papiers et des vieilles pierres. Je veux parler de M. Garnier qui tint lontemps à Melle la balance de la Justice. Dans une notice qu'il présenta à la Société des Antiquaires de l'Ouest et qu'on peut lire dans ses Bulletins, il rendit compte des observations que lui avait suggérées l'examen sur place des pierres levées de la commune de Nanteuil.

Il constate, à ce propos, que deux hommes, fameux l'un et l'autre, et si grands qu'ils sont légendaires, étaient à cette époque, de la part des habitants de cette contrée, l'objet d'un hommage particulier, ressemblant à une *sorte de culte*. C'étaient le roi Clovis et l'empereur Napoléon. Laissons-là ce qui est relatif au vainqueur de Tolbiac et de Voulon, voici ce que les paysans de Nanteuil pensaient en 1836 du vainqueur de Marengo, d'Austerlitz et d'Iéna.

« Quant à Napoléon, c'est lui qui a ter-
« miné la Révolution, a rétabli le culte ; de
« leurs frères, de leurs cousins il a fait des
« capitaines, des généraux ; il aimait le peu-
« ple ; en 1808, à Niort, il a donné raison
« au paysan Guibert, maire de Bessine....,
« etc., etc. En fait, dans chaque maison, dans
« tous les villages, sur les murailles, sur les
« cheminées, les bustes ou images des Saints
« ont été partout remplacés par les portraits de

« Napoléon ou les gravures représentant ses
« victoires. »

En fait, dirai-je à mon tour, il est incontes-
tablement vrai qu'à toutes les époques et sous
les régimes divers qui se sont succédés depuis le Consulat, le nom et la mémoire de
l'Empereur démocratique, ont été, à Saint-
Maixent comme dans toute la contrée, l'objet
d'un respect profond et attendri. Quelques prê-
tres de l'un et de l'autre culte, oublieux et in-
grats, des bourgeois téméraires, des repré-
sentants attardés d'idées surannées, ont bien
essayé, peut-être essayent-ils encore, de
ternir et d'écailler la légende Impériale. Ils
n'y sont pas parvenus et ils n'y parviendront
pas. La gloire Impériale est dure comme le
fer et éclatante comme le diamant. Ses dé-
tracteurs s'y briseront les dents comme le
petit serpent à tête folle du fabuliste.

Agréez, Monsieur et cher compatriote, la
nouvelle assurance de toute ma sympathie et
de mon dévouement.

AD. CAILLÉ,

Ancien Conseiller général
des Deux-Sèvres (sous l'Empire).
Officier de la Légion d'honneur (de l'Empire).

52

www.ingramcontent.com/pod-product-compliance
Lightning Source LLC
Chambersburg PA
CBHW061803060726
47597CB00007B/3082